Anna Winkler • Tröpfchens wunderbare Reise

Anna Winkler

Tröpfchens wunderbare Reise

Ein Lese- und Malspaß

Erschienen 2020, 1. Auflage
Verlagshaus Schlosser, 85551 Kirchheim

Text: Anna Winkler
Illustrationen: Waltraud Weinberger
Umschlag, Layout & Druck: Verlagshaus Schlosser
ISBN: 978-3-96200-414-9

Große Wolken, dick und schwer
ziehen über den Himmel her
Viele Tropfen, Millionen
in so einer Wolke wohnen
Man hört von ferne schon ein Brausen
der Wind, er lässt die Wolken sausen
Oh! Er drückt sie nun ganz schwer
da gibt's für sie kein Halten mehr

Sie kommen herunter nun als Regen
viele Tröpfchen, welch ein Segen
Die Blumen, die viel Durst schon haben
können sich daran nun laben
Auch die Bäume und die Felder
große Wiesen und auch Wälder
Alle schau´n zum Himmel rauf
und nehmen diese Tröpfchen auf

Doch eines fällt, wie kann es sein
genau in eine Quelle rein
Und so beginnt auf diese Weise
für's Tröpfchen eine große Reise

Erst durch den Wald, im Bächlein klein
das Wasser ist so hell und rein
durch eine große Wiese weiter
wo viele Bienen fliegen heiter
zum Blütenstaub sammeln hin und her
bis dass die Beinchen werden schwer
dann fliegen sie in ihre Waben,
damit wir später Honig haben

Die Wiese ist ein Blütenmeer –
das kleine Tröpfchen freut sich sehr
weil in den Gräsern sattem Grün
viele bunte Blumen blüh'n
und ein Schmetterling – ganz klein
sitzt auf einem Blümelein

So geht es dann froh und heiter
durch die Wiese immer weiter
Viele Grillen zirpen dort
doch weiter geht es immerfort
Ein junger Frosch, noch ziemlich klein
springt mitten in den Bach hinein
und dort taucht er froh und munter
im Wasser immer auf und unter

Dann wird es Nacht und in der Ferne
da sieht das Tröpfchen viele Sterne

Doch morgens, als der Tag erwacht
da sieht das Tröpfchen überrascht
das kleine Bächlein, in dem es geschwommen
hat an Größe zugenommen
Irgendwann nachts, als tiefe Ruh
kam ein anderes Bächlein und mischte sich dazu

Sie fließen ruhig nun weiter, vereint
die Sonne auf die kleinen Wellen scheint
sie macht das Bächlein immer heller
doch plötzlich rinnt es immer schneller
es stürzt nun als ein Wasserfall
ganz tief hinunter in ein Tal
Hei, was ist das für ein Sausen
in der Luft, da liegt ein Brausen
lustig springt das Tröpfchen runter
immer weiter, frisch und munter
Glitzernd bescheint es die Sonne von oben
und so sieht man einen Regenbogen

Das Tröpfchen, es kann nicht verweilen
muss fort, mit den anderen eilen
So geht die Reise immer weiter
das Bächlein, es wird immer breiter
Nun fließt es in ein Dorf hinein
da hört man Kinder lustig schrei'n
Sie lassen die Füße bis an die Waden
im plätschernden Bächlein lustig baden

Weiter geht's in Saus und Braus
hurtig aus dem Dorf hinaus
Da kommt ruhig und besonnen
ein Entenpaar daher geschwommen
und ihre kleinen Kinderlein
die schwimmen lustig hinterdrein
Doch das Tröpfchen, es muss weiter
das Bächlein wird nun immer breiter
fort geht's über Stock und Stein
in einen großen Fluss hinein

Oh, was ist hier für ein Drängen
manche Tropfen bleiben hängen
und sie fahren fröhlich mit
mit dem schönen großen Schiff
welches durch die Wellen gleitet
was den Kindern Freud‘ bereitet
es ist lustig anzusehen
wie im Wind die Fähnchen wehen

AHOi

Der Fluss, er wird nun immer breiter
unter Brücken geht es weiter
überm Wasser voll entzücken
tanzen viele kleine Mücken
Von Ferne sieht man eine Stadt
die ganz hohe Türme hat

Schöne Häuser, viele Gassen
große Autos auf den Straßen
auch Geschäfte sieht es dort
doch weiter geht es immerfort
Es sieht einen Schornstein rauchen
Lokomotiven, die laut pfauchen
Eine Schule, groß und schön
die kann das Tröpfchen auch hier seh´n
Schöne Melodien erklingen
weil Kinder frohe Lieder singen

SCHULE

Das Wasser fließt nun groß und schwer
in dem breiten Flussbett her
Große Massen sieht man strömen
ohne Ruhe sich zu gönnen
immer weiter geht's im Nu
dem Ende dieser Reise zu
Nachdem es nun soweit geschwommen
ist es am Meere angekommen

Eine riesige Fläche, drin spiegelt sich die Sonne
viele Menschen, die baden mit Wonne
das Ufer ist ein schneeweißer Strand
ganz weich und warm, große Mengen Sand
da tummeln sich Kinder um Burgen zu bau'n
die Eltern liegen in der Sonne und werden braun
das Tröpfchen schaukelt auf den Wellen dahin
ganz sanft und leise streicht darüber der Wind

Es spürt die Wärme auf seinem Köpfchen
und plötzlich erhebt sich das kleine Tröpfchen
die Wärme der Sonne lässt es schweben
um es ganz langsam zum Himmel erheben
Als Dunst zieht es wieder zur Wolke zurück
und sieht nun die Welt von oben voll Glück
Man kann es nun wieder am Himmel sehn
aus vielen Tröpfchen die Wolken besteh´n
und so beginnt auf diese Weise
für's Tröpfchen eine neue Reise.